Ambroise-Hilaire Comeau
(1859-1911)

La publication de la collection Odyssée acadienne/Acadian Odyssey a été rendue possible grâce à la contribution du Service canadien des Parcs d'Environnement Canada.

Building Bâtissons
Tomorrow's le patrimoine
Heritage de demain

125 Years of Confederation   125 années de confédération

ISBN 2-7600-0215-2

Aux provinces Maritimes, la fin du XIXe siècle fut témoin d'un réveil acadien remarquable. Des chefs se levèrent et réclamèrent avec succès les droits des Acadiens en éducation, leur place en politique, dans le commerce, dans le journalisme et dans la hiérarchie religieuse.

Ambroise-Hilaire Comeau, né le 17 septembre 1859 à Bas-Saulnierville, dans le comté de Digby (N.-É.), fut, parmi ces chefs de file de la Nouvelle-Écosse, celui qui a le mieux cumulé dans sa personne tous ces aspects des luttes et des réalisations acadiennes. Fils

The late 19th century witnessed a remarkable Acadian revival in the Maritime provinces. Acadian leaders emerged and successfully pressed demands for education rights and a place for Acadians in politics, business, journalism and the Church hierarchy.

Of Nova Scotia's Acadian leaders, Ambroise-Hilaire Comeau more than any other combined in his person all these Acadian struggles and achievements. He was born on September 17, 1859 in Bas-Saulnierville, Digby County, Nova Scotia to Hilaire Comeau and Madeleine

d'Hilaire Comeau et Madeleine LeBlanc, il fut commerçant, conseiller municipal, membre de l'Assemblée législative et du Conseil exécutif de la Nouvelle-Écosse, puis sénateur à Ottawa.

Ses premières années

Après avoir fréquenté l'école primaire à salle unique de La Butte (Meteghan River), village voisin de Bas-Saulnierville, Ambroise Comeau poursuit ses études à l'école secondaire de Weymouth Bridge. Son séjour dans cette école lui permet d'acquérir une bonne maîtrise de la langue anglaise, qui lui servira précieusement par la suite.

Ses études secondaires terminées, il fait à Weymouth Bridge l'apprentissage du métier de cordonnier dans le but de retourner dans son village natal travailler à l'usine de chaussures, la seule industrie manufacturière de l'endroit.

Le commerçant

Mais Ambroise Comeau, le «p'tit Boise», comme on l'appelle, a d'autres ambitions que de se consacrer au seul métier de cordonnier. Dès 1876, il ouvre une boutique de chaussures à La Butte.

LeBlanc. Comeau was a businessman, municipal councillor, member of Nova Scotia's Legislative Assembly and Executive Council, and finally a Senator in Ottawa.

Early Years

After attending elementary school in the one-room schoolhouse in La Butte (Meteghan River), near Bas-Saulnierville, Ambroise Comeau continued his schooling at the Weymouth Bridge high school. There he acquired a good command of the English language, which would later stand him in good stead.

Having completed his high school studies, he apprenticed as a shoemaker in Weymouth Bridge, intending to return to his native village to work in the shoe factory, the town's only manufacturing industry.

Merchant

However, Ambroise Comeau, nicknamed "le p'tit Boise", had other ambitions than to spend his life as a shoemaker, and in 1876 he opened a shoe store in La Butte.

At the time, all the businesses in

À cette époque, tout le commerce dans les villages acadiens de Clare est entre les mains des Irlandais. Ambroise Comeau est l'un des premiers Acadiens à briser ce monopole. Et même s'il subit une forte concurrence de la part d'un magasin voisin du sien, celui de James Cosman, qui détient en plus une licence pour importer et vendre des boissons alcooliques, son commerce ne cesse d'augmenter. Ses affaires vont si bien qu'en 1892 il doit agrandir son magasin, triplant sa superficie, occupant tout l'espace disponible entre le magasin de Cosman et celui de Sheehan, un autre commerçant irlandais.

Pour alimenter son commerce, Ambroise Comeau se fait armateur et achète une petite goélette qu'il nomme *L'Acadien*. Ce navire transporte du bois de corde au Maine (É.-U.), des produits de la ferme, tels des œufs, de la laine et des patates, à Saint-Jean (N.-B.), et rapporte au magasin toutes sortes de marchandises de ce centre commercial : quincaillerie, ciment, briques, barres de fer, étoffes, vêtements, mélasse, sucre, sel et épiceries.

Après le naufrage de *L'Acadien* près de La Butte, son port

the Acadian villages of Clare were owned by Irishmen. Ambroise Comeau was one of the first Acadians to break this monopoly. Though he faced stiff competition from the neighbouring store – owned by James Cosman, who also had a license to import and sell alcohol – his business grew steadily, so much so that in 1892 he expanded his shop, tripling its size and occupying all the available space between Cosman's and Sheehan's, another Irish merchant.

To supply his business, Ambroise Comeau became a shipowner. He bought a small schooner, which he dubbed *L'Acadien*. The vessel transported cord wood to Maine and farm produce – eggs, wool, potatoes – to Saint John, N.B.; it would return from that trading centre laden with goods of all kinds for the store: hardware, cement, bricks, iron rods, fabrics, clothing, molasses, sugar, salt and spices.

After *L'Acadien* was shipwrecked near its home port of La Butte, Ambroise Comeau turned to shipbuilding. The first vessel turned out by his shipyard, located on the coast behind his store, was *La Régine*,

La Butte (N.-É.). Photo prise vers 1907. *(Collection Harold C. Robicheau)*

Meteghan River (N.S.). Photo taken around 1907.

d'attache, Ambroise Comeau se lance dans la construction navale. Le premier navire construit dans son chantier, situé près de la côte derrière son magasin, sera *La Régine*, ainsi baptisé en l'honneur de sa fille, l'aînée de la famille. *La Régine* fait le cabotage pendant de nombreuses années pour le compte d'Ambroise Comeau et d'autres entrepreneurs de la région. Le chantier construit d'autres navires qui seront vendus notamment à divers marchands du sud-ouest de la Nouvelle-Écosse.

À toutes ces activités com-

named after his eldest child. For many years, *La Régine* would travel the coast, transporting goods for Ambroise Comeau and other local businessmen. Other ships built at the shipyard were sold elsewhere, notably to merchants in southwestern Nova Scotia.

In addition to these business activities, the telephone exchange for the district was installed in his store in 1880. The equipment consisted of a large panel attached to one wall of the shop, into which the various phone lines were plugged. It should be noted that at this

merciales s'ajoute en 1880 l'installation dans son magasin du central téléphonique pour le district. L'équipement du central consiste en un grand panneau fixé sur un mur du magasin, auquel on branche les fils des différentes lignes de téléphone. Il faut dire qu'à cette époque chaque central dessert un bien petit nombre de clients.

Les responsabilités d'Ambroise Comeau s'accroissent à mesure que son commerce augmente. Mais sa santé diminue. Aussi se voit-il obligé de s'adjoindre un partenaire en 1903, en la personne de son frère Agapit. Celui-ci a fait de bonnes affaires comme bâtisseur de maisons aux États-Unis et il constitue un appui financier considérable pour l'entreprise souvent sous-capitalisée. Les deux frères forment la compagnie A.H. Comeau, incorporée en 1904, qui possède maintenant deux magasins, un à La Butte et un autre à Meteghan, plusieurs entrepôts au quai de La Butte, un chantier naval et un caboteur, *La Régine*.

L'apôtre de l'éducation

Peu de temps après son retour au village natal et l'ouverture de son magasin à La Butte, Ambroise Comeau se joint à un

time, each exchange served only a small number of customers.

Ambroise Comeau's responsibilities grew as his business expanded. But his health was in decline. In 1903, he was forced to take on a partner, his brother Agapit. Agapit had been a successful house builder in the United States and brought substantial financial backing to the often under-capitalized firm. In 1904, the two brothers formed A.H. Comeau Inc. The company now had two stores, one in La Butte and the other in Meteghan, a number of warehouses on the dock in La Butte, a shipyard and the coaster *La Régine*.

Champion of Education

Soon after his return to his native village and the opening of his store in La Butte, Ambroise Comeau joined a group of young

groupe de jeunes Acadiens de la région pour fonder le Cercle littéraire de Clare, dans le but de parfaire leurs connaissances de la langue maternelle et de promouvoir l'éducation chez les leurs. Tout en poursuivant cette œuvre noble, le Cercle constitue également une société de tempérance des plus florissantes, sous l'impulsion d'Ambroise Comeau.

On voit ici deux grandes préoccupations de Comeau : le maintien et le perfectionnement de la langue française par l'éducation, et la promotion de la santé physique et morale de ses compatriotes, menacée par leur trop grand penchant vers les boissons alcooliques, si faciles à obtenir.

Il continue néanmoins à privilégier le domaine éducationnel, poursuivant sa campagne pour le progrès de l'éducation catholique et française non seulement chez lui, mais aussi dans toute l'Acadie. Ainsi, en vue de la convention nationale des Acadiens qui se tiendra en août 1900 à Arichat, au Cap-Breton, il organise avec le Père J.J. Sullivan une réunion de deux jours de l'Institut français des instituteurs et des institutrices de Clare et d'Argyle. Cette

Acadians in the region to found the "Cercle littéraire de Clare", with the aim of improving their knowledge of their mother tongue and promoting education among their people. In addition to this noble work, the Cercle also became a thriving temperance society at the instigation of Ambroise Comeau.

We find here two of Comeau's major concerns: the preservation and advancement of the French language through education, and the protection of the physical and mental health of his compatriots, which was jeopardized by their excessive fondness for easily-obtained alcohol.

He continued however to concentrate on education, pursuing his campaign for the advancement of French Catholic education not only in the region but throughout Acadia. Before the Acadian National Convention of August 1900, held in Arichat, Cape Breton Island, he and Father J.J. Sullivan organized a two-day meeting of the "Institut français des instituteurs et des institutrices de Clare et d'Argyle", the association of Francophone elementary school teachers in Clare and Argyle. It was held in Church Point on

rencontre, qui se déroule à Pointe-de-l'Église les 24 et 25 mai, connaît un vif succès, si l'on en juge par l'assistance nombreuse des instituteurs et des institutrices. Il y prononce un discours dans lequel il déplore le manque de livres français dans les écoles.

Ambroise Comeau assiste lui-même au congrès acadien d'Arichat le 15 août 1900. Il prend une part active aux délibérations qui portent sur l'éducation dans toutes les régions acadiennes, et l'on adopte des résolutions afin de corriger la situation lamentable qui y règne en matière d'enseignement. À la suite de ces résolutions et d'une proposition de Comeau, le gouvernement de la Nouvelle-Écosse met sur pied, en 1902, la Commission acadienne de l'éducation, composée d'Ambroise Comeau lui-même, du Père Dagnaud du collège Sainte-Anne, de W.E. MacLelland d'Halifax, du Père W.M. LeBlanc d'Arichat, d'Alexander MacKay, surintendant des écoles, d'Halifax, du Père A.E. Mombourquette de Margaree et de M.J. Doucet de Grand-Étang. Ambroise Comeau siège au sein de cette commission jusqu'en 1906; il se fait le porte-parole de la

May 24-25. The event was a great success, judging by the large number of teachers who attended. Comeau delivered a speech lamenting the lack of French-language text books in the schools.

Comeau also attended the Acadian National Convention held in Arichat on August 15, 1900 and actively participated in the debates, which dealt with education in all Acadian regions. The resolutions passed called for changes to the appalling state of Acadian education. In response to these resolutions and a proposal from Comeau, the Nova Scotia government set up the Acadian Education Commission in 1902. It was composed of Ambroise Comeau himself, Father Dagnaud of Collège Ste-Anne, W.E. MacLelland of Halifax, Father W.M. LeBlanc of Arichat, Superintendent of Schools Alexander MacKay of Halifax, Father A.E. Mombourquette of Margaree and M.J. Doucet of Big Pond. Comeau sat on the Commission until 1906; he became the Acadian community's spokesman to the government and pushed for the improvement of French-language education in Acadian schools.

communauté acadienne auprès du gouvernement et encourage l'amélioration de l'enseignement du français dans les écoles acadiennes.

Grâce aux recommandations de la Commission acadienne de l'éducation, l'Assemblée législative de la province apporte des amendements à la loi scolaire de 1901, qui permettent d'améliorer un peu l'enseignement dans les régions acadiennes. Le gouvernement néo-écossais préconise pour les Acadiens l'enseignement en français de toutes les matières durant les quatre premières années scolaires et il décide, à cette fin, de produire des manuels français, d'embaucher quelques professeurs bilingues à l'École normale de Truro et enfin de nommer un surintendant responsable de l'enseignement du français dans les écoles acadiennes.

Le journaliste

Dès 1884, alors qu'Ambroise Comeau en est le président, le Cercle littéraire de Clare publie un petit journal, *L'Écho, journal acadien de la Baie Sainte-Marie.* La vie de ce journal est de courte durée, car son rédacteur, F.G.J. Comeau, commis au

Acting on the recommendations of the Acadian Education Commission, the province's Legislative Assembly amended the School Act of 1901. The changes improved education in Acadian regions somewhat. The Nova Scotia government endorsed the teaching of all subjects in French to Acadian children in the first four grades and therefore decided to produce French-language textbooks, hire a few bilingual teachers for the Truro Teacher's College and appoint a Superintendent for the teaching of French in Acadian schools.

Journalism

In 1884, when Comeau was its president, the Cercle littéraire de Clare began publishing a small newspaper, *L'Écho, journal acadien de la Baie Sainte-Marie.* This paper was short-lived because its editor, F.G.J. Comeau, a clerk in James

magasin de James Cosman, quitte bientôt La Butte pour accepter un emploi à Yarmouth.

La mort de ce journal n'enlève rien à l'intérêt que Comeau porte au journalisme. Il est conscient du fait qu'un journal est un véhicule précieux pour diffuser ses principes en éducation et en politique. Par conséquent, il fonde en 1890, à Meteghan, *L'Acadie libérale*, dont le rédacteur est un immigrant belge, J.-B. de Vicq. Ce journal a pour but de promouvoir l'éducation en français chez la population de Clare en particulier, ainsi que les principes politiques de son fondateur. Le départ de J.-B. de Vicq et le petit nombre d'abonnés précipitent la fin de ce journal après trois ans d'existence.

En 1900, Comeau lance un troisième journal, *Le Journal de l'Acadie*, publié à Weymouth par la Compagnie d'Imprimerie acadienne ltée. Il a un associé en la personne du Père J.J. Sullivan, curé de Saint-Bernard, paroisse voisine de Weymouth. Le rédacteur est O.A. Soucie; le gérant d'atelier, Daniel Gaudet; et l'éditeur, Jules Lanos, venu de France.

Après l'insuccès de *L'Acadie libérale*, on peut se demander

Cosman's store, soon left La Butte to take a job in Yarmouth.

The newspaper's demise in no way diminished Comeau's interest in journalism. He believed that a newspaper would be a valuable instrument for spreading his ideas on education and politics. Comeau therefore founded *L'Acadie libérale* in Meteghan in 1890. The editor was a Belgian immigrant, J.-B. de Vicq. The newspaper's aim was to promote French-language education in Clare in particular and the political principles of its founder. The departure of J.-B. de Vicq and low circulation led to the closing of the paper after three years of existence.

In 1900, Comeau launched a third newspaper, *Le Journal de l'Acadie*, published in Weymouth by the Acadian Printing Company Ltd. His associate was Father J.J. Sullivan, the parish priest of Saint-Bernard, Weymouth's neighbouring parish. The editor was O.A. Soucie; the print shop manager was Daniel Gaudet and the publisher was Jules Lanos, an immigrant from France.

One might wonder why Ambroise H. Comeau founded another French-language

pourquoi Ambroise Comeau fonde un autre journal français, et cette fois dans un milieu anglophone, où Valentin Landry publie déjà *L'Évangéline*. Mais justement, à cette époque, Landry s'oppose à la carrière politique de Comeau, et celui-ci juge qu'il lui est nécessaire d'avoir un journal favorable à sa cause tant en politique qu'en éducation. Il estime aussi de bonne guerre que son journal soit situé dans le même patelin que *L'Évangéline* de Landry.

En 1903, les deux propriétaires du *Journal de l'Acadie* offrent leur journal et son atelier au collège Sainte-Anne pour la somme de 3 500 $. Les autorités du collège rejettent la proposition, faute de fonds et de personnel, et le journal cesse de paraître le 9 juin 1904.

Le politicien

En même temps qu'il s'occupe de son commerce grandissant, qu'il se soucie de l'éducation des Acadiens et qu'il fait des démarches fructueuses pour l'améliorer, Ambroise Comeau s'intéresse aussi à la politique.

Dès 1882, alors qu'il n'a que 23 ans, il est nommé juge de paix pour le district de Clare. Deux ans plus tard, il se présente aux

newspaper after the failure of *L'Acadie libérale*, and this time in an Anglophone area where Valentin Landry was already publishing *L'Évangéline*. But it was precisely because at this time Landry was opposing Comeau's political career and Comeau felt he needed a newspaper to support his cause in both politics and education. He also felt it was fair game to establish his paper in the same town as Landry's *L'Évangéline*.

In 1903, the two owners of *Le Journal de l'Acadie* offered to sell their newspaper and printing press to Collège Sainte-Anne for $3,500. College officials turned down the offer due to lack of funds and personnel, and the paper ceased publication on June 9, 1904.

Politics

Even as he was expanding his thriving business, concerning himself with Acadian education and working to improve it, Ambroise Comeau was also getting involved in politics.

In 1882, when he was only 23, he was appointed Justice of the Peace for the district of Clare. Two years later, he stood as a candidate in the municipal

élections municipales et est élu conseiller pour le district numéro 11, qui comprend Meteghan et La Butte. Il est réélu au conseil municipal en 1887 et, cette fois, ses confrères conseillers le choisissent comme préfet de la municipalité. Il n'a que 28 ans, ce qui en fait le plus jeune préfet dans l'histoire de cette municipalité.

Encouragé par ses succès en politique locale et désireux de servir les siens au siège du pouvoir, il démissionne comme préfet de la municipalité en 1890 et se présente aux élections provinciales. Il est élu député libéral avec Eliakim Tupper, le comté comptant alors deux représentants à la Chambre. À la première session à laquelle il assiste, en 1891, puisqu'il est le cadet du parti au pouvoir, on lui confie l'honneur de prononcer le discours à l'appui du discours du Trône. Son intervention lui attire des commentaires très favorables de la presse anglaise.

Ambroise Comeau obtient un nouveau mandat en 1894 et, la même année, il accède au Conseil exécutif comme ministre sans portefeuille. Les électeurs de Digby le réélisent à trois autres reprises : le 20 avril 1897,

elections and was elected councillor for District 11, which included Meteghan and La Butte. He was re-elected to Municipal Council in the election of 1887 and this time his council colleagues chose him to be Prefect of the municipality. He was only 28 at the time, making him the youngest Prefect in the municipality's history.

Encouraged by his success in local politics and wishing to serve his people at the centre of power, Comeau stepped down as Prefect in 1890 and ran in the provincial election. He was elected as a Liberal member of the Assembly together with Eliakim Tupper, as the riding has two representatives in the House. In 1891, in the first session after his election, he was given the honour as the junior member of the governing party of delivering the speech in support of the Speech from the Throne. His speech received very favourable comments in the English press.

Ambroise H. Comeau was re-elected in 1894 and in the same year he entered the Executive Council as a Minister without Portfolio. Comeau was re-elected by Digby voters three more times: on April 20, 1897,

le 2 octobre 1901 et le 20 juin 1906. Le second député du comté de Digby est alors Angus Morrison Gidney, qui a remplacé Eliakim Tupper, décédé en 1895.

Comeau est très actif pendant les 16 ans où il siège à l'Assemblée législative. Nous comptons 30 pétitions ou projets de loi présentés à la Chambre par le député Comeau. Parmi les plus importants, signalons le projet de loi présenté en 1892 en vue d'incorporer le collège Sainte-Anne, de Pointe-de-l'Église, lui permettant de conférer des diplômes de baccalauréat, de maîtrise et de doctorat. C'est donc dire que l'homme politique ne s'éloigne jamais trop de l'éducateur.

Il intervient de nouveau en 1894 en faveur de l'institution naissante qu'est le collège Sainte-Anne. Le Père Blanche, supérieur de la maison, pense résoudre en partie les difficultés financières de l'institution en obtenant du gouvernement provincial l'établissement d'une académie au sein du collège. Or, il y a déjà une académie à Digby, le chef-lieu du comté, et normalement il ne doit y en avoir qu'une par comté. Cependant, grâce au député de Clare, le collège Sainte-Anne

October 2, 1901 and June 20, 1906. At this time, the second member for the riding of Digby was Angus Morrison Godney, who replaced Eliakim Tupper after his death in 1895.

Comeau was very active during his 16 years in the House, introducing 30 petitions and bills. One of the most important was a bill introduced in 1892 to incorporate Collège Sainte-Anne in Church Point, allowing it to grant Bachelor's, Master's and Doctoral degrees. As a politician, Comeau thus maintained his concern with education.

In 1894, he again acted to support the emerging institution of Collège Sainte-Anne. Father Blanche, the college's Superior, was hoping to partially solve the institution's financial difficulties by prevailing upon the provincial government to establish an academy within the college. However, there was already an academy in Digby, the county seat, and ordinarily there was only one per county. Nevertheless, thanks to the member for Clare, Collège Sainte-Anne did obtain its academy, on the grounds that the polulation of Clare was entirely Francophone.

obtient son académie, en raison de la composition purement française de la municipalité de Clare.

De 1891 à 1906, le député de Clare est membre de plusieurs comités de l'Assemblée législative, notamment ceux de l'éducation, des terres de la Couronne, des amendements aux lois, des mines et minéraux, des chemins de fer et de la tempérance. Le Père Delbé Comeau, neveu et biographe d'Ambroise, résume ainsi les activités auxquelles se livre son oncle entre 1890 et 1906 :

Partagé qu'il était entre ses nombreuses activités à Halifax d'une part, et de son commerce toujours grandissant d'autre part, notre P'tit Boise de La Butte était souvent le grand meneur, avec le clergé, de toutes les activités culturelles de sa circonscription électorale de Clare. Il prenait aussi une part active aux grands congrès acadiens qui eurent lieu de son temps dans tous les coins de l'Acadie de l'époque, tant au moment de leur préparation que quand ils se déroulèrent[1].

Between 1891 and 1906, Comeau sat on a number of Legislative Assembly committees, including the committees on Education, Crown Lands, Legislative Amendments, Mines and Minerals, Railroads and Temperance. Father Delbé Comeau, Comeau's nephew and biographer, summarizes his uncle's activities between 1890 and 1906 thus:

Though he divided his time between his many activities in Halifax on the one hand, and his steadily growing business on the other, our P'tit Boise from La Butte was often in the forefront, along with the clergy, of organizing cultural activities in his constituency of Clare. He also participated actively in the great Acadian conventions which were held in his day in all parts of the Acadia of the time, taking part in both the preparatory activities and the conventions themselves.[1]

Son ascension au Sénat

Dès 1898 commence l'agitation chez les Acadiens de la Nouvelle-Écosse en vue d'obtenir un représentant au Sénat canadien, comme les Acadiens du Nouveau-Brunswick, qui ont déjà le leur. Puisqu'ils constituent 10 p. 100 de la population de la Nouvelle-Écosse en 1898, il est normal et juste, d'après eux, qu'ils aient un représentant sur les 10 sénateurs de la province.

Comeau prend part à la campagne dès le début. Il fait parvenir une lettre au premier ministre, Sir Wilfrid Laurier, lui exposant les doléances des Acadiens au sujet de la représentation sénatoriale de la Nouvelle-Écosse. Il ajoute que le débat prend de plus en plus d'ampleur et annonce au premier ministre qu'il va bientôt lui envoyer une pétition en ce sens signée par le clergé et les hommes les plus influents, même de langue anglaise.

Ambroise Comeau lui-même est vite mis par les Acadiens de la province sur la liste des candidats. Une lettre d'Augustin Haché, professeur et organisateur des Artisans canadiens-français, au même premier mi-

Appointment to the Senate

In 1898, the Acadians of Nova Scotia began pressing to obtain a representative in the Canadian Senate, as the Acadians of New Brunswick had already done. As Acadians made up 10% of the population of Nova Scotia in 1898, they argued that it was only natural and fair that they should have a representative among the province's ten senators.

Comeau was involved in the campaign from the beginning. He wrote to the Prime Minister, Sir Wilfrid Laurier, setting forth the Acadians' grievances concerning Nova Scotia's representation in the Senate. He added that there was a growing debate on the matter and that he would soon send the Prime Minister a petition signed by clergymen and men of influence, including Anglophones.

The province's Acadians soon entered Ambroise Comeau himself on the list of candidates. In a letter to Laurier, Augustin Haché, a teacher and organizer of the Artisans canadiens-français, mentioned Comeau as one of those who would be a worthy representa-

nistre mentionne clairement le nom de Comeau parmi les candidats susceptibles de représenter dignement les Acadiens de la Nouvelle-Écosse au Sénat.

La lutte pour obtenir un sénateur acadien de la Nouvelle-Écosse, amorcée en 1898, est longue, ardue et compliquée par la concurrence de plusieurs candidats et par des conflits entre les Acadiens eux-mêmes. Plusieurs Acadiens en vue, surtout Isidore LeBlanc, député du Cap-Breton, Valentin Landry, rédacteur-propriétaire de *L'Évangéline*, de Weymouth, et François Comeau, nationaliste acadien et homme d'affaires de Yarmouth, sollicitent le poste, chacun appuyé par une puissante coterie. En tout, nous relevons 29 lettres et pétitions appuyant formellement l'un ou l'autre des candidats acadiens.

Cette division chez les Acadiens de la Nouvelle-Écosse fait dire à Valentin Landry, dans un article de fond publié le 10 avril 1902 : «Il faut bien admettre ceci; la division n'engendrant que l'insuccès dans toute transaction, rien de surprenant si Ottawa garde le silence en ce moment au sujet de notre futur sénateur acadien[2].»

tive of the Acadians of Nova Scotia in the Senate.

The fight to obtain an Acadian senator from Nova Scotia, begun in 1898, was long, difficult and complicated by competition among a number of candidates and by internal conflicts among the Acadians. A number of prominent Acadians, including Isidore LeBlanc, a member from Cape Breton, Valentin Landry of Weymouth, owner and editor of *L'Évangéline*, and François Comeau of Yarmouth, Acadian nationalist and businessman, were seeking the position, each with a strong camp of supporters. We know of a total of 29 letters and petitions formally supporting one or the other of the Acadian candidates.

This division among the Acadians of Nova Scotia led Valentin Landry to comment, in a lead article published on April 10 1902, "It must be admitted that, division yielding only failure in any transaction, it will not be at all surprising if Ottawa remains silent at this time on the matter of our future Acadian senator".[2]

Ambroise Comeau ne se porte pas candidat tout de suite. Ce n'est qu'après s'être rendu compte que les candidats en lice, faute de jouir de l'appui majoritaire de la communauté acadienne et des membres du Parti libéral, n'ont aucune chance d'obtenir la nomination au Sénat, qu'il pose sa candidature. Après une longue attente et plusieurs déceptions, une vacance dans la représentation néo-écossaise au Sénat est comblée en faveur des Acadiens par la nomination d'Ambroise Comeau le 15 janvier 1907. Celui-ci quitte l'Assemblée législative et le Conseil exécutif de sa province dès sa nomination au Sénat, où il pense terminer sa fructueuse carrière au service des siens.

En annonçant la nomination d'Ambroise Comeau en janvier 1907, *Le Moniteur Acadien* décrit l'essence même de son œuvre sur la scène provinciale :

Sa carrière politique a été marquée surtout par le vif intérêt qu'il portait à l'éducation dans nos écoles acadiennes. Il a été le promoteur de la commission des livres français, formée le 18 avril 1902. C'est cette commission qui a donné lieu à la formation d'un comité interprovincial

Ambroise Comeau did not immediately agree to be a condidate. Only when he realized that the other candidates in the race had no chance of appointment to the Senate, as none enjoyed the support of the majority of the Acadian community and of the members of the Liberal Party, did Comeau throw his hat into the ring. On January 15, 1907, after a long wait and many disappointments, a vacant Nova Scotia Senate seat was filled by an Acadian with the appointment of Ambroise Comeau. He resigned from the Legislative Assembly and Executive Council of his province upon his appointment to the Senate, where he expected to complete his distinguished career at the service of his people.

In announcing the appointment of Ambroise Comeau in January 1907, *Le Moniteur Acadien* summed up the essence of his provincial political career:

His political career has been marked above all by his keen interest in the education dispensed in our Acadian schools. He was the advocate of the commission on French text books, formed on April 18, 1902. It is this commission that led to the formation of an interprovincial

dans les provinces Maritimes, afin de préparer une série de livres français pour tous les grades du cours d'enseignement. Comme on peut bien se l'imaginer M. Comeau eut fort à faire auprès du gouvernement anglais de cette province pour obtenir une telle concession en faveur du français dans nos écoles[3].

Malheureusement, peu de temps après sa nomination au Sénat, Ambroise Comeau est atteint de leucémie. Cette maladie ralentit beaucoup ses activités tant dans sa circonscription qu'à Ottawa. Néanmoins, nous relevons dans les *Débats du Sénat* des motions ou des interventions de sa part, en faveur des provinces Maritimes.

Son décès

En 1911, il revient d'Ottawa et se rend chez son frère, le Père Désiré Comeau, curé de Sainte-Anne-du-Ruisseau, dans le comté de Yarmouth, pour un repos complet grâce auquel il espère que sa santé se rétablira. Mais malgré les soins de son frère et du médecin, la santé du sénateur ne cesse de se détériorer, et il succombe à la maladie le 25 août 1911. Lui

committee in the Maritime provinces to prepare a series of French text books for all school grades. As we can imagine, Mr. Comeau had no easy task obtaining this concession in favour of French in our schools from the English government of this province.[3]

Unfortunately, shortly after his appointment to the Senate, Ambroise Comeau was stricken with leukaemia. The illness greatly slowed his activities in both his constituency and Ottawa. Nevertheless, we continue to find in the *Senate Debates* motions and speeches by Comeau in favour of the Maritime provinces.

Death

In 1911, he returned from Ottawa to stay at the home of his brother, Father Désiré Comeau, the parish priest of Sainte-Anne-du-Ruisseau in the county of Yarmouth. He hoped that complete rest would restore his health. But despite the care of his brother and the physician, the Senator's health continued to decline and he succumbed to the illness on August 25, 1911.

survécurent son épouse, née Louise d'Entremont, de Pubnico-Ouest, une fille, Régine, et cinq jeunes fils, Désiré, Elzé, Bernardin, Alphée et Robert, ce dernier âgé de 10 ans seulement.

En rapportant le décès du sénateur, *Le Moniteur Acadien* lui rend cet hommage :

M. Comeau était un humble mais aussi un citoyen intègre, respecté et estimé de tous et sa charité égalait son humilité. Il n'a pas fait grand bruit, il est vrai, mais il prenait une part active et intelligente à tout ce qui était de nature à relever son peuple[4].

À ses compatriotes, il a donné l'exemple du succès possible pour les Acadiens dans le commerce et en politique. Il a mis au service des siens l'influence que lui donnaient ses succès en politique pour obtenir avec tact des gouvernements l'amélioration de l'enseignement du français dans les écoles acadiennes et des manuels français pour ces écoles. Soucieux de l'avancement des siens, il fut un des piliers de tous les congrès acadiens de son temps et se dévoua toute sa vie aux causes acadiennes.

Alphonse J. Deveau

He was survived by his wife, née Louise d'Entremont, of West Pubnico, his daughter Régine, and five young sons, Désiré, Elzé, Bernardin, Alphée and Robert, who was only 10.

In its report on the Senator's passing, *The Moniteur Acadien* paid tribute to him in these words:

Mr. Comeau was a humble but upstanding citizen, respected and esteemed by all. His charity equalled his humility. He made little noise, it is true, but he participated actively and intelligently in all that might improve the lot of his people.[4]

To his compatriots, Comeau was an example of the success Acadians could achieve in business and politics. He used the influence he won by his political success for the good of his people, working quietly to obtain improved teaching of French in Acadian schools and better French textbooks from the government. Committed to the advancement of his people, Comeau was one of the key figures at all the Acadian National Conventions of his day and devoted his entire life to Acadian causes.

Alphonse J. Deveau

Notes

1. Révérend Delbé Comeau, *L'Honorable Sénateur Ambroise Hilaire Comeau, 1859-1911*, vol. I, Yarmouth, Éditions ébled, 1980, p. 60.

2. *L'Évangéline*, le 10 avril 1902, p. 2.

3. *Le Moniteur Acadien*, le 24 janvier 1907, p. 2.

4. *Le Moniteur Acadien*, le 5 septembre 1911, p. 1.